AF359971

LES PLAISIRS DU MONDE

COMÉDIE-PROVERBE.

LES
PLAISIRS DU MONDE

COMÉDIE-PROVERBE

EN DEUX ACTES

PAR

FERDINAND ACHET.

BOURGES

IMPRIMERIE ET LITHOGRAPHIE DE JOLLET-SOUCHOIS.

1856

Melvil, rentier. . . . . 50 ans.

Henri son fils, avocat. . . . . 26 ans.

Dormeuil aîné, marchand de bois. . . . . 53 ans.

Gustave Dormeuil, agriculteur. . . . . 48 ans.

Angèle, sa femme. . . . . 40 ans.

Marie, leur fille. . . . . 19 ans.

François, domestique. . . . . 20 ans.

La scène se passe aux environs de Paimbœuf, chez Gustave Dormeuil.

LES
PLAISIRS DU MONDE,

Comédie-Proverbe en 2 Actes.

Ah ! de quelque nectar qu'elle ait été remplie,
La coupe où l'on s'enivre a toujours une lie !
LAMARTINE.

ACTE Ier.

UNE MATINÉE ORAGEUSE.

Un salon au rez-de-chaussée. Au fond, entre deux croisées, une porte à deux battants et à laquelle on arrive du dehors par un perron. Au deuxième plan, à gauche, la porte de la chambre à coucher de M. et Mme. Gustave Dormeuil. Au premier plan, une cheminée. A droite, au deuxième plan, la porte de la salle à manger. Au premier plan, un piano. Au milieu du salon, une table ronde sur laquelle sont des livres, des journaux, un volume d'estampes, etc.

Au lever du rideau, François achève de frotter le parquet.

SCÈNE Ire.

FRANÇOIS.

Ah ! voilà qui est fait ! Si Madame n'est pas contente, cette fois ; si je ne lui ai pas rendu son parquet assez luisant, ce ne sera pas faute de m'être rompu les jambes. Vite ! rangeons les meubles. Il faut tout de même que Monsieur gagne bien de l'argent dans l'agriculture pour donner aussi souvent des dîners, des soirées. Quant à la réunion de ce soir, elle s'explique tout naturellement : c'est la fête de Madame, et je sais une personne, ici, dont c'est encore plus la fête..... *(Il s'étend dans un fauteuil.)* Dam ! c'est un spirituel et joli garçon que Monsieur Henri, toujours plein de bons procédés.... Il paraît qu'il est très instruit et que c'est déjà un des premiers avocats de Nantes. Son père aussi est un homme bien instruit; il n'y a personne comme lui pour être au courant de tout ce qui se passe. C'est un journal vivant. Je me rappelle, la dernière fois qu'il est venu passer la matinée ici avec son fils, c'est lui qui a apporté ici toutes les grandes nouvelles de Paris. Monsieur, qui reçoit le même journal, *le Messager*, avait oublié de lire le plus important, les vols, les meurtres, les suicides. Certes ! ce Monsieur Melvil est plus amusant à entendre que ne l'était le frère de Monsieur, et, s'il n'a pas changé, depuis quatre ans qu'il n'a mis les pieds ici, celui-là, c'est bien l'individu le plus maussade et le plus bourru... Mais il faut croire qu'il n'est plus le même, puisque mes maîtres se sont réconciliés avec lui et l'ont invité pour toute la journée. *(On entend crier du dehors : François ! François !)* Tiens ! Je crois qu'on m'appelle.

LA MÊME VOIX.

François !

FRANÇOIS.

La voix se rapproche. C'est Mademoiselle. Quel joli timbre !

(Marie entre).

SCÈNE II.

FRANÇOIS, MARIE, *entrant par la porte du fond.*

MARIE.

François ! Comment ! tu es là quand je t'appelle !

FRANÇOIS, *naïvement.*

Oui, Mademoiselle. C'est-à-dire... Non, c'est vous qui m'appelez quand je suis là.

MARIE.

N'as-tu pas compris que j'avais besoin de toi ?

FRANÇOIS.

Si fait, Mademoiselle; aussi vous voyez, je ne me suis pas en allé.

MARIE.

Tiens ! prends ces ciseaux et va vite au jardin me faire un bouquet.

FRANÇOIS, *sans bouger du fauteuil, prenant machinalement les ciseaux.*

Ah ! je le croyais déjà fait. Vous vous étiez levée exprès de bonne heure.

MARIE.

Pour surprendre maman au lit, mon bouquet à la main. Mais je ne sais comment m'y prendre. Ces maudites épines... Allons, va.

FRANÇOIS, *se levant.*

Tout de suite, pendant que votre maman est encore dans sa chambre.

MARIE, *s'asseyant près du feu.*

François ! il me semble que je t'avais dit, il y a trois jours le second du mois, d'aller à Nantes, t'informer auprès de mon maître de chant pourquoi il ne venait plus ?

FRANÇOIS.

J'étais déjà parti, Monsieur votre père m'a arrêté en me disant que le maître de chant avait écrit qu'il était malade.

MARIE.

C'est vrai. Maman m'a dit quelque chose comme cela, je m'en souviens. Il faut avouer que je porte malheur à mes professeurs ; il y a juste un mois, papa m'a annoncé que mon maître de danse se mourait. Il faudra que je demande de leurs nouvelles à Monsieur Henri.

FRANÇOIS.

Il me semble que vous n'avez plus guère besoin de leurs leçons. Vous dansez et vous chantez si bien.

MARIE, *sans l'écouter, se lève et va à son piano.*

La dernière fois qu'il est venu, mon maître de chant m'a apporté de nouvelles romances, il faut que je les regarde, car bien certainement, maman voudra que je chante ce soir. *(A François.)* Eh bien ! qu'attends-tu donc ?

FRANÇOIS.

Ah ! pardon. C'est que..... vous ne m'avez pas dit combien vous vouliez de fleurs dans votre bouquet.

Marie.

Le plus que tu pourras et les plus jolies, va. J'irai te rejoindre dans un instant. *(François sort par la porte du fond).*

SCÈNE III.

Marie, *lisant le titre de la romance.*

La Juive, grand opéra. Voyons les paroles. *(Arrivée à l'endroit :* Et cependant il va venir, *elle s'arrête et rougit.)* Oh ! je ne chanterai pas cette romance-là. Voyons cette autre de *Robert-le-Diable (Robert, toi que j'aime).* Celle-là non plus. Voyons la dernière. Ah ! elle n'est pas tirée d'un opéra. Tant mieux. *(Elle lit.)* Si tu savais comme je t'aime.... *(A peine a-t-elle commencé qu'elle ferme l'album et le jette violemment sur le piano.)* Allons ! il est dit que ne je chanterai pas ce soir, car toutes mes autres romances ne valent guère mieux. Ah ! mon Dieu ! j'entends du bruit derrière cette porte. Papa et maman vont sortir de leur chambre, et pas une fleur à offrir à maman. Sauvons-nous. *(Elle sort par la porte du fond.)*

SCÈNE IV.

Gustave, Dormeuil, Angèle.

Angèle, *regardant par la fenêtre Marie qui s'en va.*

Va, chère enfant ! ces fleurs, dont tu vas former un bouquet, me rappelleront le printemps de ma vie, si florissant et si radieux. Mais, comme lui, elles se faneront vite, et on ne se souviendra bientôt plus de leur premier éclat.

Gustave.

Oui. Seulement si ces fleurs perdent ainsi leur éclat et leur fraîcheur, ce n'est pas leur faute. Laissez-les à la terre ou à l'arbuste, elles ne s'arracheront pas elles-mêmes, tandis que nous, nous avons tout fait pour détruire nous-mêmes notre bonheur. Oui, et cela jusqu'au dernier moment. *(Il va s'asseoir sur le fauteuil, à droite de la cheminée, et arrange le feu.)*

Angèle, *venant s'asseoir de l'autre côté de la cheminée.*

Quand vous m'avez révélé votre infortune, j'avais déjà envoyé les lettres d'invitation.

GUSTAVE.

Sans m'avertir. Après tout, cette dépense, la dernière de ce genre que nous ferons, de longtemps du moins, aura son bon côté. Elle écartera les soupçons, et il est important que personne autre que nous deux ne sache.....

ANGÈLE.

Personne ? Pas même Monsieur Melvil ?

GUSTAVE.

Lui moins que tout autre. Comment donc ! L'homme le plus indiscret et le plus bavard qui soit au monde, fort estimable, du reste. Mais, enfin, son envie de tout savoir, et surtout sa démangeaison de toujours parler de ce qu'il sait ou ne sait pas, en font un homme extrêmement dangereux, et si mes créanciers qui, tous, attendront volontiers tant qu'ils me croiront riche, venaient à savoir la vérité, tu les verrais bientôt tous s'abattre sur leur proie et me forcer à vendre ce domaine dont le revenu, avec du temps, de l'économie, les désintéresserait peu à peu.

ANGÈLE.

Mais vous oubliez donc que le fils de votre ami aime notre fille, qu'il nous l'a déjà, indirectement il est vrai, demandée en mariage ?

GUSTAVE, *stupéfait.*

Mais.... je croyais vous l'avoir fait oublier.

ANGÈLE.

Doutez-vous que, malgré la différence de fortune, Monsieur Henri ne persiste à vouloir devenir notre gendre et n'obtiennne le consentement de son père ?

GUSTAVE.

Pardieu ! Madame, est-ce bien vous qui me parlez, vous dont le cœur est si fier, ou ai-je mal entendu ? Quand je vous ai dit qu'à mon frère lui-même je ne demanderais rien, rien autre chose que l'oubli de nos torts ; vous voudriez que je tendisse la main à un homme qui ne m'est rien, à un étranger ; que je lui dise : je suis ruiné ; vous êtes toujours riche. Partageons ; la charité, s'il vous plaît !

ANGÈLE.

Je connais Monsieur Henri, et il s'estimera encore trop heureux.....

GUSTAVE.

Assez, Madame, assez, je vous prie.

ANGÈLE.

Mais vous ne savez donc pas que notre fille aime autant qu'elle est aimée, la pauvre enfant ?

GUSTAVE.

C'est possible.

ANGÈLE.

Et qu'elle aimera mieux entrer au couvent que d'en épouser un autre.

GUSTAVE.

Alors, va pour le couvent.

ANGÈLE.

De grâce.... Parlons sérieusement, je vous en supplie. Si Monsieur Henri, cela peut arriver, vous parlait, ce soir, de notre fille ? S'il vous demandait sa main ?

GUSTAVE.

Je lui répondrais..... que Marie est encore bien jeune. Que nous avions d'autres idées. Enfin, je dirai ce qui me viendra à l'esprit ; mais vous, retenez bien ceci : je vous prie de ne dire à qui que ce soit le secret que je vous ai confié. (*Riant amèrement.*) Le secret ! Ne croirait-on pas, à m'entendre, que j'ai dû bien vous étonner quand je vous ai fait connaître l'état de ma.... (*se reprenant*) de notre fortune.

ANGÈLE, *amèrement.*

Vous disiez bien, puisque je ne vous ai rien apporté en dot.

GUSTAVE.

Je vous prie, en outre, de ne point répondre à toutes les instances que pourra vous faire Monsieur Melvil, au sujet du mariage de nos enfants, autrement que par ces mots : Voyez mon mari.

ANGÈLE, *se levant et passant à droite.*

Oh ! vous êtes sans pitié, Monsieur ! Vous ne m'aviez pas habituée à un pareil langage.

GUSTAVE, *debout.*

C'est vrai, car c'est le langage de la raison, et vous m'aviez presque rendu fou. Mais je vous ai tant aimée. Oh ! j'aurais dû prévoir ce qui m'arrive dès le jour où vous m'apparûtes pour la première fois : j'avais alors vingt-six ans ; ma mère était morte

et mon père semblait devoir bientôt la rejoindre. Tout-à-coup
on lui annonça la visite d'un capitaine, un de ses anciens amis,
qui revenait de l'armée avec sa fille.

ANGÈLE.

Mon pauvre père ! (*Elle essuie une larme, puis va s'asseoir
près du piano.*)

GUSTAVE.

Tout couvert de blessures, il pouvait à peine se traîner. Dormeuil, dit-il, ma mort est prochaine et ma fille restera seule au
monde ! Il n'eût pas besoin d'achever. Votre fille est la mienne,
dit mon père. Quelques jours après, mon frère vous demanda
en mariage ; je ne sais si la rudesse de ses allures et la sévérité
de son caractère vous firent peur, mais il essuya un refus, et je
ne sus, plus tard, sa démarche infructueuse que lorsque j'avais
déjà fait la même démarche auprès de vous. Nous fûmes unis.
Mon frère m'en garda longtemps rancune ; mais après la mort
de votre père et du mien, qui moururent presque le même jour,
mon frère me tendit la main.

ANGÈLE, *à part*

Oui. Mais il ne me pardonna pas, à moi.

GUSTAVE.

Le deuil expiré, sous prétexte de nous consoler, de nous
étourdir, nous entreprîmes, vous et moi, un long voyage ; nous
parcourûmes toutes les grandes villes, pendant que mon frère
veillait ici à mes intérêts. Il s'effraya de ce que j'avais dépensé
en un an. Je fus sensible à ses reproches, et pendant quelques
années nos dépenses n'allèrent guère au-delà de mon revenu. Cependant Marie grandissait. Vous auriez pu aisément faire vous-
même, ici, son éducation, mais vous préférâtes l'envoyer à
Nantes, dans ce pensionnat où elle se lia d'amitié avec la sœur
de Monsieur Henri.

ANGÈLE.

Pauvre enfant ! morte à quinze ans. Sa mère n'a pu lui sur-
vivre. (*Avec transport.*) Oh ! je ferais comme elle, et s'il m'ar-
rivait de perdre ma fille !....

GUSTAVE.

Oui, car vous l'aimez, je le sais, mais d'un amour aveugle et
égoïste. Si vous l'aviez aimée pour elle, vous l'eussiez élevée
dans d'autres idées ; vous auriez écouté les sages conseils de mon

frère. Mais, l'orgueil aussi bien que l'amour, est un sentiment qu'on n'arrache pas aisément du cœur. Et vous fîtes tant, que mon frère, il y a de cela quatre ans, s'éloigna tout furieux et en me signifiant que je n'eusse plus à compter sur sa succession ni pour moi ni pour les miens. Et depuis, dans les quelques lettres que nous avons échangées, à de très longs intervalles, il m'a toujours écrit dans ce sens. Aussi, ai-je fait le serment de ne jamais rien lui demander. (*Il remonte la scène.*)

ANGÈLE.

Cependant, puisqu'il consent à revenir à nous, il me semble que vous pourriez, sans honte, accepter......

GUSTAVE.

Ses conseils, certainement... et puis, comme nous nous réconcilions, s'il m'offre quelques avances, je ne dis pas que je les refuserai. C'est mon frère. Du reste, je ne lui parlerai d'affaires que demain, quand tout le monde sera parti, et si tu veux savoir tout ce que je lui dirai..... (*Allant à Angèle et lui prenant la main.*) Écoute, Angèle, écoute-moi de sang-froid. Que la fête de ce soir soit notre dernière folie. Demain, je me remets à l'œuvre. Nous ne sommes pas encore tout-à-fait ruinés, puisque sur ce domaine, qui représente un capital d'au moins trois cent mille francs, je n'en dois guère que deux cent mille. Quant à notre fille, elle peut encore attendre, et dans trois ou quatre ans..... Te souviens-tu de ce jeune homme de Paimbœuf, à qui mon frère s'est intéressé, qu'il s'est associé dans son commerce de bois ? qui sait même s'il ne lui destine pas une partie de sa succession ? Ce soir ou demain, je pourrais parler de ce jeune homme à mon frère, et.....

ANGÈLE, *se levant.*

Oh ! jamais ! jamais ! Monsieur ! Ma fille en mourrait de chagrin, et moi la première.

GUSTAVE, *se détournant pour essuyer une larme.*

Allons ! est-ce que je vais pleurer aussi ? Voici Marie. Remettez-vous.

SCÈNE V.

Gustave, Angèle, Marie.

Marie, *tenant à la main un énorme bouquet.*

Bonjour, mon papa ! Bonjour, maman. Je ne te surprendrai pas en te disant que c'est ta fête, mais peut-être en t'apportant ce bouquet (1)......

Angèle.

Dont la grosseur, en effet, a lieu de me surprendre. Tu as donc dévalisé le jardin ?

Marie, *souriant naïvement.*

A peu près.

Angèle.

Je te remercie de l'intention, chère enfant, mais quelques fleurs eussent suffi.

Gustave.

Que maintenant ton oncle demande à voir le jardin, en le trouvant ainsi dégarni...

Marie.

Je lui dirai l'usage que j'ai fait des fleurs, et il m'approuvera.

Gustave.

Non pas sans t'avoir grondée d'abord pour ton gaspillage.

Marie.

Oh ! s'il est toujours le même, il n'aura pas besoin de cette raison-là pour gronder, car il grondait toujours.

Angèle, *bas à son mari.*

Cherchez un prétexte pour l'éloigner. Les larmes que je retiens m'étouffent.

Gustave.

Nous te laissons. Nous allons, ta mère et moi, sur la route au-devant de ton oncle.

Marie.

Mais..... je peux bien y aller avec vous.

Gustave.

Puisque nous ne te proposons pas de nous accompagner, c'est que nous désirons que tu restes.

Marie.

Cependant.....

____

(1) Gustave, Marie, Angèle.

GUSTAVE.

Ah ! si ton oncle était là, il te gronderait. Admets que je suis ton oncle.

MARIE.

Ah ! d'abord si mon oncle était ici, vous n'iriez pas sur la route au-devant de lui, et puis.. ...

GUSTAVE, *souriant à part*

C'est juste. (*Haut, sérieux.*) Et puis ?

ANGÈLE.

Reste, mon enfant, pour veiller à ce qu'on prépare le déjeûner.

SCÈNE VI.

MARIE.

Comme maman a l'air triste ! et papa aussi. On ne dirait pas que c'est aujourd'hui un jour de fête. Moi qui étais si gaie, si heureuse ! Maman me recommande le déjeûner. Elle sait bien que je n'y connais rien ; on ne m'a pas appris à ma pension comment se faisaient les déjeûners. Neuf heures ! Comment ! il n'est encore que neuf heures.

SCÈNE VII.

MARIE, FRANÇOIS, *apportant une tasse de lait sur une assiette et tenant de l'autre main une paire de ciseaux.*

MARIE.

François ! quelle heure est-il donc à la cuisine ?

FRANÇOIS, *qui n'a pas entendu.*

Oui, Mademoiselle, voilà votre tasse de lait chaud, et puis voilà votre paire de ciseaux que j'avais laissée au fond du jardin.

MARIE, *prenant la tasse sur l'assiette.*

Mais, malheureux, cette tasse est froide comme une glace.

FRANÇOIS, *tâtant les parois de la tasse.*

Froide ? Tiens, c'est vrai. Hé bien ! elle était brûlante quand je suis sorti de la cuisine ; il faut croire qu'elle se sera refroidie dans le jardin.

MARIE.

Comment ! Tu ne viens donc pas directement de la cuisine ?

FRANÇOIS.

Comme j'en sortais, j'ai pensé à votre paire de ciseaux , et, ma foi ! pour ne faire qu'une course..... C'est qu'il n'y a pas de temps à perdre dans votre maison.

MARIE.

Mon pauvre garçon ! Enfin tu vois que je ne peux pas prendre cette tasse de lait. Rien que d'y toucher, cela m'a refroidi les doigts. (*Elle va se chauffer les doigts devant le feu.*)

FRANÇOIS, *à part.*

Est-elle portée sur sa bouche ! hein ! l'est-elle ! Avec cela que ce lait qu'elle prend tous les matins lui est nécessaire.... comme à moi. (*Il avale la tasse de lait.*)

MARIE, *au coin du feu, sans voir François.*

Va vite faire réchauffer ce lait et apporte-le moi.

FRANÇOIS, *à part.*

Hein ? Et la cuisinière qui a tout employé... Ah ! il y a encore un reste... d'avant-hier.

MARIE.

Hé bien ?

FRANÇOIS.

J'y vais, Mademoiselle, j'y vais. (*A part.*) Quelle manie !... Allons préparer sa seconde tasse de lait.

SCÈNE VIII.

MARIE.

Que faire pour tuer le temps ? Si j'étudiais les romances que j'ai regardées ce matin. Si la musique en est jolie, après tout, je ne suis pas obligée de bien prononcer les paroles. Quel est ce bruit ! Une voiture entre dans la cour. Serait-ce déjà mon oncle ? Allons ! je n'aurai pas le temps d'étudier. (*On frappe.*) Entrez. Ah ! Monsieur Melvil !... Nous ne les attendions que ce soir.

SCÈNE IX.

MARIE, MELVIL.

MELVIL.

Mademoiselle. j'ai bien l'honneur.

MARIE.

Monsieur !

MELVIL.

Vos parents, m'a-t-on dit, sont sortis et vont rentrer tout-à-l'heure (1).

MARIE.

Oui. Ils m'ont laissée ici toute seule. Mais vous êtes seul aussi ? Monsieur Henri ?...

MELVIL.

Mon fils ? Il ne viendra que ce soir. Ou plutôt... il ne viendra peut-être pas.

MARIE.

Ah ! mon dieu ! est-ce qu'il est malade ?

MELVIL.

Malade ? Oui, c'est cela. Mais.... pas dangereusement.

MARIE, à part.

Cet air embarrassé.... Oh ! je saurai pourquoi Monsieur Henri n'est pas venu.

MELVIL.

Vous sortez ?

MARIE.

Oui, Monsieur. Je vais rejoindre papa et maman sur la route. Vous allez veiller à ce qu'on prépare le déjeûner.

MELVIL, à part.

Si je pouvais savoir par elle la disposition de ses parents à notre égard ? (Haut.) Mais, Mademoiselle, l'air est très-vif et vous risquez de vous rendre malade.

MARIE, avec humeur.

Oh ! malade..... comme Monsieur Henri. (Prenant sur la table un journal couvert de son enveloppe.) Tenez, si vous voulez, en attendant, lire le journal d'hier... le Messager (2) ?

MELVIL, prenant le journal que lui présente Marie.

Grand merci. Je le connais, le.... Mais il est encore dans son enveloppe ; est-ce que personne ici ne l'a lu ?

MARIE.

Non, Monsieur. Mon papa n'a pas eu le temps, et maman et moi ne le lisons jamais, que quand il y a un feuilleton intéressant.

____

(1) Marie, Melvil. — (2) Melvil, Marie.

MELVIL.

Oh ! alors (*à part*) ils ne savent rien.

MARIE , *revenant.*

Est-ce Monsieur Henri qui vous a chargé de dire qu'il était malade ?

MELVIL, *troublé.*

Il m'a chargé de vous dire que vous étiez un ange et qu'il vous aimait à l'adoration.

MARIE.

Ah ! d'abord ce n'est pas cela ce que je vous demandais , et puis je parie bien que vous ne me dites pas la vérité. (*A part , en s'en allant.*) Il ne m'aime plus. Il en aime une autre peut-être. Oh ! je suis bien malheureuse !

SCÈNE X.

MELVIL , *qui tient toujours le journal à la main.*

Hé ! si ! Malheureusement si, je l'ai dite la vérité. Mon fils est fou de cette petite, qui, de son côté, raffole de lui. Et pourtant (*s'asseyant*) Henri , à qui j'ai dérobé la lecture du journal et qui, lui aussi, ignore le malheur qui m'arrive, tient absolument à demander à l'ancienne amie de sa mère la main de sa fille, et moi je venais sonder, ce matin, le terrain sur lequel mon fils veut s'aventurer ce soir. La question reste la même, si ce n'est qu'au lieu de voir tout de suite l'effet produit par la nouvelle , il me faudra commencer par la dire, cette fatale nouvelle ! Si Dormeuil, en considération de notre vieille amitié et surtout de l'amour de nos enfants , consent à les unir, nous faisons en sorte que mon fils ignore tout jusqu'au dernier moment, mon fils dont je connais l'extrême délicatesse et qui n'hésiterait pas à sacrifier à des scrupules exagérés le bonheur de toute sa vie. Une fois le mariage accompli , et ce serait le plus tôt possible, il faudra bien qu'il se résigne à être heureux malgré lui. Si, contre mon attente, Dormeuil, après m'avoir entendu, semble avoir oublié le passé.... alors.... hé bien ! comme dans le premier cas, je retourne à Nantes et je dis à mon fils : (*se levant*) Du courage, Henri, car (*en ce moment François entre*

une tasse de lait à la main) pour avoir trop compté sur la probi-
té d'un homme à qui j'ai confié toute ma fortune, il ne me reste
plus que ton travail. Je suis ruiné.

SCÈNE XI.

MELVIL, FRANÇOIS.

FRANÇOIS, *laissant tomber la tasse qui se brise.*

Ah ! bah !

MELVIL, *se retournant, effrayé.*

Hein ? Qu'est-ce que c'est ? Tu étais là ? Tu as entendu ?

FRANÇOIS.

Moi ! Monsieur ! Quoi entendu ? J'arrive en ce moment avec
cette tasse de lait pour Mademoiselle, si bien que j'ai fait un
faux pas et.... vous voyez, voilà ma tasse et mon lait par terre.
(*A part.*) Mais je n'ai pas laissé tomber ses paroles par terre et
je saurai bien les placer. (*Haut.*) Pardon, Monsieur, vous ne
sauriez pas où est Mademoiselle ?

MELVIL.

Non. Pourquoi ?

FRANÇOIS.

Pour lui demander si elle a besoin d'une troisième tasse
de lait.

MELVIL.

Elle est allée sur la route, à la rencontre de...

FRANÇOIS.

Ah ! oui ! de son oncle.

MELVIL.

De son oncle ?

FRANÇOIS.

Est-ce qu'elle ne vous a pas dit que Monsieur s'est raccom-
modé avec son frère ?

MELVIL, *agité.*

Son frère ?

FRANÇOIS.

Eh oui ! Ne vous souvient-il déjà plus de Monsieur Dormeuil,
le marchand de bois ? (*A part en s'en allant.*) Ah ! il est ruiné
le vieux, c'est bon à savoir.

SCÈNE XII.

Melvil, *ayant toujours à la main le Messager.*

Le marchand de.... ! Dieu ! suis-je étourdi ! Je me rappelle maintenant avoir reçu et mis de côté, il y a un an, sa note de bois de construction, qui se monte à mille francs, et comme j'ai liquidé, ce mois-ci, mes comptes avec l'entrepreneur de l'hôtel qu'on vient de me construire, je suis, ou à peu près, sans argent, et j'allais faire un nouvel appel de fonds à mon malheureux banquier. Ah ! voilà le coup de grâce, car je le connais ce Monsieur Dormeuil ! Un homme d'une avarice sordide, qui, je m'en souviens, sermonnait son frère deux heures pour une dépense faite mal à propos. Il se rebrouillerait avec toute la famille plutôt que de consentir au mariage de sa nièce avec Henri. (*Il froisse le journal et le met machinalement dans sa poche.*) Comment diable ai-je donc fait pour oublier cette dette ? Il ne l'a pas oubliée, lui, et il est homme à me la réclamer aujourd'hui même. Si j'avais pu prévoir cette rencontre, ou plutôt si j'avais pu apporter sur moi un billet de mille francs, en le payant tout de suite, j'aurais prévenu les soupçons, j'aurais gagné du temps. D'un autre côté, je ne peux ni ne dois laisser ignorer.... Que faire ? mon Dieu ! Que faire ? J'ai peut-être eu tort de me cacher de mon fils. J'aurais peut-être mieux fait de lui dire franchement ce qui en est. C'est un esprit droit, un cœur courageux, et quand il devrait renoncer à la main de celle qu'il aime, hé bien ! il n'en mourra peut-être pas. (*Avec émotion.*) Mon bon fils ! Oui, c'est cela. Mon cheval a eu le temps de se reposer. Retournons à Nantes.

Henri, *au fond, qui a entendu ces dernières paroles.*

Déjà ! Vous ne faites que d'arriver.

SCÈNE XIII.

Melvil, Henri.

Melvil.

Henri ! Comment ! déjà ici ?

HENRI (1).

Et vous ? Vous venez ce matin me trouver dans ma chambre et me dites : je vais à quelques lieues d'ici voir un de mes amis malade à sa campagne, je ne me rappelle plus le nom ni de la campagne ni de l'ami, puis vous ajoutez : je reviendrai te prendre pour aller chez Monsieur Dormeuil. Je ne voyais là-dedans rien d'invraisemblable et je regrettai seulement de ne pouvoir vous accompagner. Or, sur la route, qui était celle de Nantes à Paimbœuf, vous avez rencontré un homme que vous avez reconnu pour un de mes clients, à qui vous avez dit en terminant : Si vous voyez mon fils, ne lui dites pas que vous m'avez vu. Comme mon client a cru remarquer en vous, pendant que vous lui parliez, une agitation extraordinaire, il a cru de son devoir de m'en instruire, et je l'en ai remercié. J'ai donc vite fait seller un cheval et je suis venu. Du reste, je ne suis pas précisément inquiet, car je me doute de la cause de cette émotion si vive. Oui, je devine pourquoi vous m'avez précédé ici. Vous avez voulu sonder les dispositions de Monsieur et Madame Dormeuil, au sujet de la demande que je leur ai faite, indirectement, de la main de leur fille, Mademoiselle Marie ?

MELVIL.

Tu es venu bien vite. Tu dois avoir chaud ? Assieds-toi donc.

HENRI.

N'est-ce pas cela ? N'ai-je pas deviné ?

MELVIL.

Si. A peu près. Cependant.....

HENRI.

Vous n'avez pas encore parlé à Monsieur Dormeuil ?

MELVIL.

Non. Je ne l'ai pas encore vu.

HENRI.

Mais vous avez bien l'intention de lui demander pour moi la main de sa fille.

MELVIL.

Si tu le veux absolument.....

(1) Melvil, Henri.

HENRI.

Comment ! si je le veux ! De quel air vous me dites cela ! Mais d'abord comment se fait-il que vous soyez seul ici ? Monsieur Dormeuil...

MELVIL.

Est allé avec ces dames sur la route de Paimbœuf, au-devant de son frère...

HENRI.

Son frère !... Ils se sont donc réconciliés ?

MELVIL.

Oui.

HENRI.

Ah ! tant mieux !

MELVIL, *à part.*

Tant pis !

HENRI.

Si nous allions à leur rencontre ?

MELVIL.

Nous ferions peut-être mieux de partir.

HENRI, *étonné.*

Partir ! et pourquoi donc ?

MELVIL

C'est que.... plus j'y songe, plus il me semble que tu es encore bien jeune et le mariage est une chose si sérieuse.

HENRI.

Sans doute, mais.... Ah ça ! que se passe-t-il donc ? Qu'est-il donc arrivé ? Est-ce que cette alliance ne vous sourit plus ? Ces jours derniers vous m'en parliez encore comme d'une chose ardemment souhaitée par vous aussi bien que par moi.

MELVIL.

Oui, c'est vrai. Pourtant..... (*A part.*) Je ne sais que lui dire.

HENRI.

Pour moi, sachez-le bien, à moins qu'aujourd'hui même il ne me soit prouvé que les sentiments de celle que j'adore ne sont plus d'accord avec les miens, ce que je ne crois pas, ou qu'un rival s'est présenté, plus résolu que moi à tout sacrifier au bonheur de Marie, ce qui est impossible, je ne reculerai devant rien, et aujourd'hui même je demanderai à Monsieur Dormeuil la main de sa fille. Vous détournez les yeux. (*Prenant la main de son père.*) Votre main tremble. Vous me cachez quelque chose?

MELVIL.

Moi ! Non. (*A part.*) Dieu ! qu'il fait chaud ici ! J'étouffe ! (*Il remonte la scène.*)

HENRI, *le suivant.*

Voyons, y a-t-il quelque chose dans mes projets qui vous déplaise, qui vous contrarie ? Dites-le moi franchement et nous en causerons.

MELVIL, *à part, descendant la scène et passant à droite..*

Si je lui dis ce qui en est, il partira comme un fou, sans vouloir rien entendre, et Dieu sait où le poussera le désespoir.

HENRI (1).

Mais parlez donc ! Pourquoi m'avez-vous précédé ici ? Qu'êtes-vous venu faire ?

MELVIL, *continuant.*

Ah ! si j'étais sûr du désintéressement de Dormeuil.... Mais je n'en suis pas sûr !

HENRI.

Pardon ! Il paraît que ma question est indiscrète. Je la retire donc.

MELVIL.

Oh ! je ne dis pas...

HENRI.

Mais comme, après tout, il s'agit de moi, de mon bonheur, puisque vous persistez à ne pas me répondre, je persiste, moi, dans mes intentions et... Voyons, mon père, de grâce, répondez-moi, car votre silence me tue. Je vous demande quel événement a eu lieu depuis notre dernière entrevue avec la famille Dormeuil, qui rende douteux ou moins désirable mon mariage avec Mademoiselle Marie ? Est-ce une question d'intérêt? Ont-ils ou avez-vous fait quelque perte considérable ?

MELVIL.

Moi? Pas le moins du monde.

(1) Henri, Melvil.

HENRI.

Alors... ce sont donc eux ?

MELVIL, *à part.*

Quelle idée ! De cette façon je gagne au moins du temps. (*Haut.*) Hé bien ! oui. Puisqu'il faut te le dire, apprends donc que Monsieur Dormeuil est ruiné !

HENRI.

Ruiné ! lui ! que tout le monde croit....

MELVIL.

Est-ce qu'on peut répondre des événements ?

HENRI.

Mais comment savez-vous ?...

MELVIL.

C'est... un de ses créanciers qui me l'a appris confidentiellement en me défendant bien de le nommer.

HENRI.

Mais le frère de notre hôte est, dit-on, très-riche et il est célibataire...

MELVIL, *avec l'expression du doute.*

Oh ! très-riche ! D'ailleurs ce célibataire est sur le point de se marier. A cinquante ans on peut bien encore avoir des enfants et certainement... il en aura.

HENRI.

M. Dormeuil va se marier ! Et cela au moment où il se réconcilie avec son frère qui est ruiné ! Qui donc vous a encore dit cela ?

MELVIL.

Est-ce que je ne sais pas tout ?

HENRI.

Soit. Et vous avez cru devoir voler au secours de votre ami ? Vous êtes venu le consoler ? le...

MELVIL.

Oh ! non, car il croit son malheur ignoré de tout le monde, et il serait désolé s'il savait qu'une coupable indiscrétion m'a révélé...

HENRI.

Donc vous venez tout simplement lui dire : « J'ai changé

d'idée au sujet de nos deux enfants. Qu'il ne soit plus question
de rien entre nous. Adieu. » Et à moi, que m'eussiez-vous dit
à votre retour ?

MELVIL.

Ainsi, si c'étaient nous qui étions ruinés, tu ne te croirais pas
obligé de renoncer...

HENRI

Oh ! c'est bien différent. Mademoiselle Marie est un trésor
qu'on ne saurait payer trop cher, et, à fortune égale, je la vo-
lais ; maintenant j'aurai la conscience plus tranquille.

MELVIL.

Enthousiaste ! Fou ! (*A lui-même en remontant la scène.*)
Tout le portrait de sa mère, sa pauvre mère !

HENRI , *passant à droite.*

Fou, tant que vous voudrez, mais aujourd'hui, tout-à-l'heure,
je prierai Monsieur Dormeuil d'ajouter au titre d'ami, qu'il a
daigné m'accorder, ainsi qu'à vous, jusqu'à ce jour, celui de son
gendre.

MELVIL. (1).

Quoi ! tu persistes...

HENRI.

Non. J'ai tort. Pour qu'il sache que vous consentez, c'est
vous-même qui ferez la demande en ma présence.

MELVIL.

Nous verrons. En tous cas pas un mot de notre conversation
à qui que ce soit. Feins, comme moi, d'ignorer ce que le plus
grand des hazards m'a fait découvrir. Tu connais leur suscepti-
bilité à tous.

HENRI.

Pourtant si Monsieur Dormeuil me refusait ?

MELVIL.

J'avoue que c'est fort à craindre...

HENRI.

Alors je lui dirai qu'il a tort, que ce n'est pas parce qu'il est
pauvre...

MELVIL.

Dis-lui cela et tu es perdu.

(1) Melvil, Henri.

HENRI.

Vous croyez ?

MELVIL.

J'en suis sûr.

HENRI.

Que faire alors ?

MELVIL.

Je n'en sais rien. Attends... Nous verrons... Et puis... quand tu n'épouserais pas Mademoiselle Marie... Il y en a bien d'autres.

HENRI.

Ah ! mon père ! est-ce vous qui me parlez ainsi ? Et me connaissez-vous si peu ? S'il faut attendre, eh bien ! j'attendrai. Mais renoncer à Marie, oh ! jamais ! (*Regardant par la fenêtre.*) Les voilà ! Elle donne le bras à son oncle. Oh ! comme elle paraît triste ! Elle connaît donc le malheur de ses parents ?

MELVIL, *troublé.*

Probablement. Mais souviens-toi bien que nous l'ignorons complétement tous les deux.

HENRI.

Soyez tranquille. Mais dites-moi que vous consentez à ce mariage.

MELVIL.

Puisque tu le désires tant... (*A part avec douleur.*) Mon pauvre Henri !

SCÈNE XIV.

DORMEUIL aîné, **GUSTAVE**, **ANGÈLE**, **MARIE**, **MELVIL**, **HENRI.**

HENRI.

Madame et Monsieur...

MARIE, *à part.*

Lui !

HENRI.

Oserai-je vous prier de nous pardonner à mon père et à moi...

ANGÈLE.

Quoi donc ?

HENRI.

Notre indiscret empressement à venir vous présenter nos hommages ?...

ANGÈLE

Ah ! Messieurs ! c'est bien aimable à vous de n'avoir pas attendu à ce soir, et de nous faire le sacrifice de votre journée (1).

MELVIL.

Oui. Je ne pensais pas venir si tôt. Mais... j'ai une pendule qui va si mal... (*Mouvement d'Henri.*)

ANGÈLE , *souriant.*

Alors... vous transmettrez mes remerciements à votre horloger. Veuillez donc vous asseoir.

MELVIL.

Oh ! merci ! nous ne sommes pas fatigués.

ANGÈLE.

Et vous, Monsieur Dormeuil ?

DORMEUIL.

Moi non plus.

MARIE , *à Henri.*

Monsieur votre père m'avait dit que vous ne viendriez peut-être pas... Que vous étiez malade...

HENRI.

Moi ? Ah ! c'est vrai... Une légère indisposition... Mais vous voyez, il n'y paraît plus.

MARIE , *à part.*

Pourquoi donc avait-il l'air si embarrassé ?

GUSTAVE , *à Melvil, lui présentant son frère.*

Monsieur Melvil (2) !

MELVIL , *à part, étonné.*

Monsieur ! Il ne me tutoie plus !

GUSTAVE , *continuant.*

Vous reconnaissez sans doute mon frère, Monsieur Dormeuil ?

DORMEUIL , *appuyant sur les mots.*

Oh ! Monsieur peut bien me reconnaître; il n'y a pas quatre ans que nous ne nous sommes vus. Il est vrai que Monsieur a eu besoin de moi, ou du moins de ma marchandise...

____

(1) Melvil, Marie, Angèle, Henri. Au fond, Dormeuil et Gustave.

(2) Melvil, Gustave, Dormeuil, Marie, Angèle, Henri.

— 25 —

MELVIL , *à part.*

Il ne l'a pas oublié !

GUSTAVE, *allant s'asseoir à droite de la cheminée et arrangeant le feu.*

Hé bien ! quelles nouvelles ? Moi je n'ai pas lu le journal d'hier.

MELVIL , *avec agitation.*

Moi non plus.

MARIE.

Mais vous avez pu le lire tout-à-l'heure, ne vous l'ai-je pas remis ?

MELVIL.

Vous croyez ? C'est possible. Après tout, ce que je lis me sort si vite de l'esprit. (*Il tire son mouchoir et fait tomber le journal.*)

MARIE, *le ramassant en souriant.*

Il parait qu'il ne reste pas mieux dans votre poche.

MELVIL , *prenant le journal.*

Ah ! mille fois pardon ! N'allez pas croire au moins que mon intention était de garder ce journal. (*Il le remet dans sa poche.*)

GUSTAVE , *souriant.*

Nous en sommes convaincus. (*A part.*) Toujours étourdi !

DORMEUIL , *examinant le piano , à Marie.*

On t'a donc acheté un autre piano ? Peste ! L'autre était déjà bien beau , mais celui-là est magnifique (1).

MARIE.

Je crois bien ! un piano de trois mille francs. (*Mouvement de Gustave.*)

DORMEUIL , *après avoir regardé Gustave qui se détourne.*

Ah !... Ce doit être bien agréable de jouer sur un piano de trois mille francs, et tu dois avoir fait bien des progrès. Voyons... donne-moi un échantillon de ton talent.

MARIE.

Oh ! je ne sais rien. D'ailleurs je n'ai pas de jolis morceaux.

ANGÈLE.

Mais si. Joue donc à ton oncle cette tarentelle... tu sais... en *si* bémol.

_____

(1) Gustave, Melvil, Angèle, Dormeuil et Marie près du piano, Henri.

MARIE.

Je l'ai cherchée l'autre jour et je n'ai pas pu la trouver. Il y a un tel désordre dans ma musique...

GUSTAVE.

A qui la faute ?

MARIE.

A moi. Voyons, je vais chercher encore.

HENRI.

Voulez-vous me permettre de vous aider, Mademoiselle ?

MARIE.

Volontiers, Monsieur. (*Dormeuil va s'asseoir à gauche de la cheminée et paraît absorbé dans ses réflexions.*)

ANGÈLE, *à Melvil* (1).

Et avez-vous vu, Monsieur, quelques-unes des personnes que j'attends à dîner ce soir ? Savez-vous si elles viendront ?

MELVIL.

J'ai vu, hier dans la journée, la marquise de Noirac, qui viendra avec sa fille, son gendre et sa petite-fille.

GUSTAVE, *à part.*

Sans compter son chat et son chien. (*Il se lève. Dormeuil reste assis.*)

MELVIL.

J'ai rencontré aussi Monsieur et Madame de Normandie, qui viendront. Je n'ai pas vu d'autres personnes. Quant aux deux ou trois amis de mon fils, à qui vous avez fait l'honneur....

HENRI.

Saint-Charles ne viendra pas. C'est un intrépide chasseur, comme vous savez, et qui, dernièrement, a failli se tuer.

MARIE, *avec émotion.*

Ah !... vous n'êtes pas chasseur, vous, Monsieur Henri ?

MELVIL.

Lui ! Sortez-le de ses livres de droit et de littérature, il n'est bon à rien. J'avais désiré autrefois qu'il cultivât les arts d'agrément, et je lui avais donné un professeur de clarinette, mais baste ! dès la première leçon, j'ai vu qu'il n'arriverait jamais à ma hauteur.

(1) Dormeuil et Gustave assis près du feu ; Angèle, Melvil ; Henri et Marie fouillant la musique qui se trouve sur le piano et dans le casier.

MARIE.

Ah ! vous jouez ?

MELVIL.

Oui, Mademoiselle.

MARIE, *souriant.*

Et vous n'avez pas apporté votre....

MELVIL.

Non.

HENRI, *à part.*

Heureusement. (*Présentant à Marie un cahier de musique qu'il vient de trouver dans le casier.*) Tenez, Mademoiselle, n'est-ce pas cela ?

MARIE.

Oui. Je vous remercie. (*Elle prend le cahier et va s'asseoir devant le piano.*)

MELVIL.

Bref, j'ai été forcé de remercier le professeur, et Henri s'est remis plus ardemment que jamais à l'étude, au travail. Somme toute, j'ai trouvé qu'il avait raison et que son goût pour les choses sérieuses valait bien un talent sur la clarinette. (*Il va à Henri et lui frappe sur l'épaule.*) (1). C'est bien, lui ai-je dit; continue; celui qui retarde toujours le moment de se mettre à l'œuvre risque fort de ne commencer jamais; crois-moi, ne fais pas fausse route comme j'ai fait, moi, et mets-toi vite en mesure d'assurer au moins ton existence et celle de la femme qui partagera ton sort.

GUSTAVE, *à part.*

Existence de luxe et de plaisirs, voilà comme il l'entend.

MELVIL.

Il a, ma foi, suivi mes conseils, et le voilà déjà avantageusement connu dans le barreau.

HENRI.

Mon père, un tel éloge !.... (*A Marie.*) Mademoiselle, n'alliez-vous pas nous jouer ?.... (*Il va près d'elle et ils causent à voix basse.*)

MELVIL, *à part.*

Cet éloge... je l'ai bien fait avec intention. C'est un préambule à la confession qu'il me faudra faire tout-à-l'heure à Gustave.

_____

(1) Dormeuil, Gustave, Angèle, Marie au piano; sur le devant de la scène, à droite, Henri, Melvil.

Mais son frère a donc bien changé ? Il ne m'a pas encore réclamé sa dette.

ANGÈLE , *bas à son mari.*

Est-ce qu'il connaît notre position ?

GUSTAVE.

Comment veux-tu qu'il la connaisse ?

ANGÈLE.

Tant pis. Ce qu'il vient de dire m'eût rassurée.

GUSTAVE , *vivement.*

Angèle ! tu sais ma décision ?...

ANGÈLE , *d'un ton suppliant.*

Oh ! elle n'est pas sérieuse.

GUSTAVE, *à Dormeuil.*

Mon frère, tu ne m'as pas encore parlé de ton jeune protégé , Monsieur... (*Il cherche.*) Comment l'appelles-tu ?

DORMEUIL.

Rivel. Je te remercie pour lui. Il n'est plus à mon service; il va bien ainsi que sa jeune femme.

ANGÈLE , *à part, avec joie.*

Ah !

GUSTAVE , *avec dépit.*

Il est marié ? (*A part.*) Et tu l'as remplacé par un autre jeune homme ?

DORMEUIL.

Non. Par un homme d'une cinquantaine d'années; mais j'en suis assez content. (*Il se lève.*)

MARIE , *bas à Henri.*

Comme Monsieur votre père parait triste aujourd'hui ! qu'est-ce qu'il a donc ?

HENRI.

Oh ! rien... Sans doute quelque projet qui le préoccupe. Je vais lui parler; vous permettez. (*Il s'éloigne de Marie et va parler à son père. Marie le suit des yeux avec anxiété.*)

HENRI , *bas à Melvil.*

Allons, mon père, du courage , et que rien ne vous arrête ; parlez pour moi, sinon je parlerai moi-même.

MELVIL.

Tu le veux ? (*A part.*) Advienne que pourra. (*Haut.*) Monsieur et Madame Dormeuil... ce n'est pas sans motifs que mon fils et moi nous avons devancé l'heure à laquelle nous devions venir... Oserai-je ?... Je suis venu... pour avoir l'honneur, vu la circonstance et l'empressement qu'on y met... (*S'essuyant le front.*) Dieu ! qu'il fait chaud chez vous. Ouf ! Pardon. Où en étais-je ?

HENRI.

Mon père, non moins ému que je le suis moi-même, a commencé, je continue... Monsieur et Madame Dormeuil, j'ai l'honneur de vous demander la main de Mademoiselle Marie...

MARIE, *à part avec joie.*

Je ne m'étais pas trompée ! (*Moment de silence.*)

GUSTAVE.

Monsieur, votre demande nous flatte infiniment, mais des considérations de famille, des demi-engagements antérieurs....

MELVIL, *stupéfait, à part.*

Comment ! un refus ! Est-ce qu'il saurait ?...

MARIE, *à part.*

Hé bien ! Qu'est-ce que mon père dit donc ?

GUSTAVE.

D'ailleurs ma fille peut encore attendre.

MELVIL, *à part.*

Ah ! ce n'est qu'un ajournement ! Mais c'est égal. Pendant ce temps-là, mon fils apprendra mon malheur. Il y a tant d'indiscrets ! Et il n'y aura pas moyen de lui faire entendre raison. Mais je parlerai à Gustave, je le connais... il m'écoutera... Quant à son frère, je n'en reviens pas et je n'ose le regarder en face.

ANGÈLE, *bas à Gustave.*

Oh ! je vais tout lui dire.

GUSTAVE.

Je te le défends. (*Regardant la pendule.*) Il est dix heures. Va voir si l'on s'apprête à nous faire déjeûner. (*Il va s'asseoir à droite de la cheminée.*) Venez donc vous asseoir, Messieurs.

ANGÈLE, *regardant Henri.*

Pauvre jeune homme ! S'il se doutait... Oh ! que je souffre, mon Dieu ! (*Elle sort.*)

Dormeuil, *regardant Angèle qui sort, à lui-même.*

Ses traits ont bien changé depuis quatre ans. Mais mon cœur, lui, n'a pas vieilli. Ah ! la femme qu'on a aimée est toujours belle !

SCÈNE XV.

Les mêmes, moins Angèle.

Henri, *à part, avec douleur.*

Ne pas oser nous avouer... Quel orgueil ! Et mon père qui ne veut pas que je paraisse même soupçonner leur position... (*Il va s'asseoir près de la table, prend le volume d'estampes et se met à le feuilleter avec une sorte de frénésie.*)

Marie, *toujours assise près du piano, à part.*

Des engagements antérieurs ! Avec qui donc me suis-je engagée ?

Dormeuil, *après avoir regardé successivement tous les visages, fronce le sourcil et va frapper sur l'épaule de Melvil qu'il tire de sa rêverie (1).*

Hé bien ! Monsieur, vos constructions où en sont-elles ? Quand vous êtes venu me trouver à Paimbœuf, il y a deux ans, vous m'avez montré un plan superbe, l'avez-vous réalisé ?

Melvil, *à part.*

Je suis pris ! (*Haut.*) Oui, Monsieur, à peu près.

Dormeuil.

Et avez-vous été content de mon bois de charpente ?

Melvil, *troublé, bas.*

Très content, Monsieur. Je suis vraiment honteux de n'avoir pas encore acquitté votre mémoire... N'en parlez à personne au moins, et croyez que si j'eusse su vous trouver ici... C'est mille francs, n'est-ce pas ? Je vous les enverrai au premier jour.

Dormeuil.

Ne vous donnez pas cette peine ; je dois partir demain ou après demain pour Paris, dites-moi l'adresse de votre banquier, et si vous voulez me signer une traite...

(1) Gustave, assis près du feu ; Henri, assis près de la table ; Marie, au piano ; sur le devant de la scène, Dormeuil, Melvil.

Melvil, *à part.*

Peste ! autant vaudrait tout lui dire tout de suite. Que faire ? Ah ! quelle idée !... (*Haut.*) Inutile, Monsieur, je me souviens maintenant... j'ai apporté la somme.

Dormeuil.

En billets ?

Melvil.

Oui... C'est-à-dire en argent. Je vais l'aller chercher. (*A part.*) Son frère me prêtera bien cette somme, que je lui rembourserai plus tard, dussé-je, pour cela, vendre mon hôtel, le seul bien qui me reste... (*Haut.*) Je vous donnerai cela tantôt.

Dormeuil.

Oh ! rien ne presse. (*A Marie.*) Hé bien ! ma nièce, qu'attends-tu donc pour nous jouer quelque chose ? Peut-être que Monsieur Henri ait fini de parcourir ce volume d'estampes ? Et toi, frère, à quoi donc songes-tu si creux ? A la demande qu'on vient de te faire de la main de ta fille ? Hé, mon Dieu ! tu l'as dit, rien ne presse, et ces jeunes gens attendront bien. Qu'est-ce qu'un mois de plus ou de moins. Mettons un an.

Gustave, *à part.*

Oui et bien d'autres avec. (*Dormeuil va près de sa nièce.*)

Melvil, *venant s'asseoir près de Gustave.*

Ah ! à propos, je savais bien que j'avais quelque chose à vous dire. J'ai un petit paiement à faire au village voisin ; je suis si oublieux, si distrait, que je n'ai pas apporté la somme qu'il me faudrait... Mille francs... tout au plus... Ne pourriez-vous me les prêter ? Je vous rendrai cela au premier jour.

Gustave.

Mille francs ? (*A part.*) Qu'il ne soupçonne pas notre détresse ! (*Haut.*) Je vous remettrai cela tantôt. (*A part.*) Je l'emprunterai à Dormeuil, qui, au besoin, l'enverra chercher à Paimbœuf.

Melvil, *bas.*

Surtout pas un mot à qui que ce soit de l'emprunt que je vous fais.

Gustave.

Ah ! cette dette est donc...

Melvil.

Oui... une rente que je fais, à l'insu de tout le monde, à...

GUSTAVE.

Il suffit. (*A part.*) Quelque pauvre femme qu'il aura rendue mère dans sa jeunesse... Il était si libertin !...

ANGÈLE, *sortant de la salle à manger.*

Messieurs, quand vous voudrez passer dans la salle à manger...

MELVIL , *à Marie.*

Ah ! Mademoiselle , daignerez-vous accepter mon bras ?

MARIE, *avec des larmes dans la voix.*

Volontiers , Monsieur.

HENRI , *à Angèle, lui offrant son bras.*

Madame... (*A part.*) Oh ! j'espère bien qu'au dessert les choses prendront une autre tournure, ou sinon...

SCÈNE XVI.

DORMEUIL, GUSTAVE.

DORMEUIL.

Hé bien frère , qu'est-ce qui t'arrête donc (1) ?

GUSTAVE.

Un mot que j'ai à te dire... (*A part.*) Déguisons-lui la vérité. Il serait homme à faire une esclandre au dîner et au bal de ce soir.

DORMEUIL , *avec expression.*

Hé bien ! je t'écoute.

GUSTAVE.

J'ai égaré ce matin , mais je la retrouverai facilement, la clé de mon secrétaire. Or, j'aurais essentiellement besoin, dans la journée, de mille francs qu'un de mes colons doit venir chercher. Je pense bien que tu n'as pas cette somme sur toi...

DORMEUIL.

Non. Mais cela se trouve à merveille; un homme doit me l'ap porter ici aujourd'hui même , et...

GUSTAVE.

Bien. Entrons.

DORMEUIL , *entrant le dernier , à lui-même.*

Ah ! tu as perdu la clé de ton secrétaire ?

(1) Gustave , Dormeuil.

FIN DU PREMIER ACTE.

ACTE IIe.

LE BOURRU BIENFAISANT.

SCÈNE Ire.

Henri , *entrant par la porte du fond et venant se jeter sur le fauteuil, à droite de la cheminée.*

Ma foi ! laissons ces Messieurs se rendre au jardin pendant que les dames vont à leur toilette. Je n'y tiens plus et j'éclaterais. Entre deux impolitesses, j'ai choisi la moindre... J'ai peut-être eu tort... J'aurais peut-être mieux fait d'éclater. Conçoit-on l'obstination de Monsieur et Madame Dormeuil, à ne pas nous déclarer tout nettement qu'ils sont ruinés, ce qui me permettrait de combattre franchement leurs scrupules, leur excessive délicatesse, au lieu de ne répondre qu'en balbutiant et avec force détours aux mauvaises raisons qu'on me donne comme des obstacles sérieux ? car Monsieur Dormeuil aîné et mon père ont beau dire : ce n'est pas un ajournement, c'est un refus; et à moins que Mademoiselle Marie elle-même ne leur déclare... Mais peut-être partage-t-elle les faux scrupules de ses parents ? et il faudrait commencer par la convertir. Je me flatte qu'elle m'aime, pourtant, et que sa profonde tristesse ne vient pas seulement du désastre de sa fortune... Si je pouvais lui parler ? Hélas ! j'espérais pouvoir lui offrir, en à-compte sur les cadeaux de noces, le produit de mes premiers travaux dans le barreau. Dieu m'en garde maintenant, j'aurais l'air de lui faire une aumône, et son père, si susceptible, ne me pardonnerait jamais. Ah ! heureux les caractères comme celui de mon père !... Toujours content et confiant dans l'avenir. Au déjeûner, il a eu de la gaîté, de l'appétit pour tout le monde, et je suis sûr que ce soir, à moins qu'on ne lui mette entre mains son journal favori, il dansera pendant que moi... (*cachant sa tête dans ses mains*) je pleurerai.

SCÈNE II.

Henri, Marie, *en toilette de soirée.*

Marie, *au fond.*

Le voilà ! Pauvre jeune homme ! Si ce que François a dit à ma femme-de-chambre est vrai !... j'en suis encore toute émue et j'ai pris à peine le temps de finir ma toilette. (*Regardant sa robe en souriant.*) Elle paraît bien m'aller cette robe ! (*Tristement.*) Oh ! je comprends tout maintenant. Ma foi, tant pis, je veux le consoler, le rassurer. (*Elle va à son piano comme pour y chercher quelque chose, et tousse légèrement.*) Hum ! hum !

Henri, *levant la tête.*

Quelqu'un ? C'est elle ! (*Il se lève.*)

Marie, *se retournant et jouant la surprise.*

Ah ! Monsieur Henri ! je ne vous avais pas vu. (*A part.*) Comme je mens !...

Henri (1).

Ah ! Mademoiselle... vous ne pouviez venir plus à propos et je souhaitais ardemment de me trouver un moment seul avec vous.

Marie, *à part.*

Il ne me fait pas compliment de ma robe !... (*Haut.*) Vous avez quelque chose à m'apprendre ? (*Elle s'assied près de la table.*)

Henri.

Oh ! Je ne vous apprendrai rien, Marie, car vous n'ignorez pas que je vous aime ; vous n'ignorez pas que votre père m'a refusé votre main, et vous devez savoir le motif de son refus. Hélas ! qui me dit que ce n'est pas vous qui, par un excès de délicatesse déplorable, avez prévenu vos parents contre ma demande, contre mes prières ? Peut-être même... Oh ! si cela était, Marie, je serais bien malheureux !

Marie.

Que voulez-vous dire ? Expliquez-vous.

(1) Henri , Marie.

HENRI.

Ecoutez-moi, Marie, et répondez-moi franchement : Je vous aime de toute la puissance de mon âme, Marie... M'aimez-vous ?

MARIE, *se levant.*

Mais, Monsieur...

HENRI.

Oh ! c'est qu'il est important que je connaisse le fond de votre cœur. Si je m'étais trompé, si vous ne m'aimiez pas, Marie, il est inutile que je continue...

MARIE, *après une pause, en se rasseyant.*

Continuez, Monsieur.

HENRI, *venant s'assoir à côté d'elle* (1).

Oh ! merci... Écoutez-moi donc. Vous n'ignorez pas que lorsqu'il s'agit de mariage, surtout dans le monde où nous vivons, c'est quelquefois moins le caractère et les sentiments des jeunes gens que l'on considère que la position de fortune des parents. Approuvez-vous ce système ?

MARIE, *vivement.*

Oh ! non, Monsieur. Loin de là.

HENRI, *à part.*

Cela commence bien. (*Haut.*) Supposons donc une jeune fille et un jeune homme, comme vous et moi, tous deux appartenant à une famille honorable, comme vous et moi, tous deux s'aimant comme... (*Mouvement de Marie.*) Oh ! vous m'aviez permis de... continuer, vous en repentez-vous déjà ? Supposons qu'au moment de s'unir la fortune de la... du jeune homme, jusqu'alors égale à celle de sa fiancée, par suite... d'événements imprévus se trouve... presque anéantie, croyez-vous que la j... que le jeune homme devrait pour cela rougir d'épouser celle qu'il aime et dont il est aimé ?

MARIE.

Oh ! non, Monsieur. Certainement non.

HENRI, *à part.*

A merveille ! (*Haut.*) Mais si les parents de la jeune fille, par fausse honte, ignorant d'ailleurs que leur position est connue de celui qui s'offre à eux pour gendre, le repoussent, n'est-

(1) Marie, Henri.

3.

ce pas à la jeune fille de leur dire : A quoi bon dissimuler. C'est en connaissance de cause qu'on vous a demandé ma main, et vous ne devez pas être plus susceptible que moi.

MARIE, *souriant.*

Vous vous trompez, Monsieur, vous dites la jeune fille quand vous devriez dire le jeune homme.

HENRI.

Ah ! c'est vrai... J'avais commencé... Mais n'importe, vous ne devez m'en comprendre que mieux... car enfin vous n'ignorez pas pourquoi Monsieur votre père m'a refusé votre main ?

MARIE.

Oh ! j'avoue que c'est mal, bien mal de sa part, car enfin ce n'est pas parce que vous êtes ruiné...

HENRI, *se levant.*

Hein ? Mon père aussi... (*Il passe à gauche.*)

MARIE, *se levant.*

Comment ! Est-ce que mon père... Vous me faites trembler. Expliquez-vous.

HENRI (1).

Oh ! je comprends maintenant la conduite de mon père, ses détours ! N'osant m'avouer sa propre ruine, il a imaginé la vôtre. Oui... je m'explique à présent le refus de M. Dormeuil... Oh ! vous l'avez dit : c'est mal, c'est odieux de sa part; mais il est dans son droit... et si, avant de venir ici, je me fusse douté... Oh ! adieu !... adieu, Mademoiselle, adieu pour jamais.

MARIE.

Monsieur Henri...

HENRI.

Laissez-moi. Je vais trouver mon père et lui dire...

MARIE.

Oh ! par pitié...

HENRI.

Oh ! vous êtes un ange, Marie, et je n'emporterai de vous que des souvenirs de joie et de bonheur (*à part*) et j'en mourrai.

MARIE.

On vient ! Si l'on nous trouvait ensemble...

(1) Henri, Marie.

HENRI.

C'est vrai. Et moi qui vous retenais. (*Il passe à droite.*)

MARIE.

Oh ! méchant ! Fi ! que c'est vilain. (*Elle se sauve par la porte de la chambre à coucher, et du seuil de la porte elle envoie des baisers à Henri, qui ne peut la voir.*)

HENRI, *regardant par la fenêtre.*

C'est mon père avec le frère de M. Dormeuil. Comme ils sont agités... Il lui confie sans doute son malheur, que je ne m'explique pas. Écoutons. (*Il entre dans la salle à manger et laisse la porte entr'ouverte.*)

SCÈNE III.

HENRI, *caché*, **DORMEUIL**, **MELVIL**.

DORMEUIL (1).

Je suis désolé, Monsieur, du dérangement que je vous cause.

MELVIL.

Oh ! il n'y a pas de quoi. (*A part.*) Le diable l'emporte !

DORMEUIL.

N'est-ce pas ici que vous croyez avoir égaré la clé de votre valise ?

MELVIL, *troublé.*

Oui... Peut-être bien...

DORMEUIL.

En tous cas, elle n'est pas dans votre voiture, car j'en ai fouillé tous les coins et je n'ai rien trouvé.

MELVIL, *à part.*

Est-il indiscret ! (*Haut.*) Vous êtes donc bien pressé de cette somme ? Vous m'aviez dit d'abord...

DORMEUIL.

C'est vrai. Mais une réflexion qui m'est venue... un événement inattendu... et comme vous m'avez dit que vous aviez apporté le montant de mon mémoire.

(1) Melvil, Dormeuil.

HENRI, *à part.*

Un mémoire ! Mon père ne m'en a jamais parlé.

MELVIL.

Et vous le voulez tout de suite ?

DORMEUIL.

Le plus tôt que vous pourrez. (*A part.*) Mon frère ne cessait de me faire des signes qui me disaient très-clairement : va donc voir si ton homme est arrivé.

MELVIL, *à part, en ayant l'air de chercher quelque chose sur les fauteuils et sur les meubles.*

Je suis pris. J'ai eu beau faire à Gustave les gestes les plus significatifs, il n'a pas eu l'air de me comprendre. J'espérais le ramener ici, et au lieu de mon prêteur, c'est mon créancier qui m'a suivi.

DORMEUIL, *à part.*

J'ai failli rire au nez de Gustave, quand il m'a dit : fais en sorte que M. Melvil ne soit pas là quand on te donnera la somme. Il ne se doute pas... (*Voyant Melvil debout devant lui et retournant dans tous les sens son portefeuille.*) Hé bien ! que faites-vous donc là ?

MELVIL.

Pardon. C'est que mon portefeuille contient tant de papiers que j'ai peine à y retrouver ce billet de banque.

DORMEUIL.

Un billet de banque ?

MELVIL.

Sans doute !

DORMEUIL.

Fort bien. Mais vous m'aviez dit avoir apporté la somme...

MELVIL.

En argent ? Peut-être bien. J'ai si peu de mémoire. (*Tirant un papier de son portefeuille.*) Tiens ! en voici un... de mon tailleur. Je l'avais aussi oublié celui-là. (*Il le remet dans son portefeuille.*)

DORMEUIL, *à part.*

Ah ! ça... est-ce que ? (*Haut.*) Admettons que votre mémoire vous trompe également, quand vous croyez avoir apporté la somme... Je puis envoyer chercher chez moi...

HENRI, *caché, à part.*

Mais quelle somme est-ce donc ? mon Dieu !

DORMEUIL.

Dites-moi toujours le nom et l'adresse de votre banquier de
Paris, car j'ai oublié l'un et l'autre. C'est toujours le même
dont vous nous parliez tant autrefois...

MELVIL, *revenu sur le devant de la scène, à droite* (1).

Non. C'en est un autre.

HENRI, *à part.*

Un autre ! Depuis quand donc ? Hier encore...

DORMEUIL.

Et pourquoi donc avez-vous quitté ?...

MELVIL, *troublé.*

Il était sur le point de faire faillite...

DORMEUIL.

Et... cette faillite n'a pas eu lieu ?

MELVIL, *vivement.*

Non.

HENRI, *à part.*

Et moi je crois que si...

DORMEUIL.

Alors va pour l'autre banquier... Faites-moi la traite que je
vous ai demandée et...

MELVIL.

Non. Inutile. Je vous dis que j'ai apporté ce que je vous dois.

DORMEUIL, *brusquement.*

Prouvez-le donc !

HENRI.

Voilà bien une autre affaire, et mon père avec tous ses men-
songes joue là un beau rôle ! Mais cette somme est donc considérable ?

MELVIL, *à part.*

Si je l'envoyais quelque part ailleurs qu'au jardin, j'irais trouver son frère et le prierais de me donner vite ce que je lui ai demandé. (*Haut.*) Ah ! mon Dieu ! suis-je étourdi ! Je me souviens
maintenant, Monsieur, vous connaissez l'allée des grands maro-
niers, derrière la grange ?

DORMEUIL.

Oui. Pourquoi ?

(1) Dormeuil, Melvil.

HENRI.

Où veut-il en venir ?

MELVIL.

Vous y trouverez mon fils à qui j'ai remis le billet de mille francs... Il vous attend... Allez.

HENRI, *à part.*

Mille francs seulement ! Ah ! le ciel soit loué. Courons vite. (*Il sort par la salle à manger.*)

DORMEUIL.

Hein ? Vous dites ?

MELVIL.

Rien. Allez donc !

DORMEUIL, *à part, rêveur.*

Ah ça ! est-ce que lui aussi serait...

MELVIL.

Qu'attendez-vous donc ? Tenez, passez par la salle à manger, c'est plus court.

DORMEUIL.

J'y vais.

MELVIL, *seul.*

Enfin ! courons vite ! Ah ! mon ami m'a prévenu... Mais qu'a-t-il donc ?

(*Gustave entre, jette violemment son chapeau sur un fauteuil et va s'asseoir sur un autre*).

SCÈNE IV.

MELVIL, GUSTAVE.

GUSTAVE, *à lui-même, se croyant seul.*

J'ai peut-être parlé un peut trop durement à cette pauvre Angèle devant Marie, qui, il est vrai, n'a dû rien comprendre à notre conversation. (*Se levant.*) Mais non , mille fois non ! Ma conscience ne me reproche rien , et il y aurait de ma part de la lâcheté à céder. Qu'elle pleure tant qu'elle voudra. (*Il traverse le théâtre parallèlement à la rampe, Melvil le suit et observe tous ses mouvements.*)

MELVIL.

Mon ami !. .

GUSTAVE, *se croyant toujours seul.*

Qu'elle m'appelle son ami.

MELVIL.

De grâce !...

GUSTAVE.

Qu'elle me demande grâce.

MELVIL.

Mais écoutez donc.

GUSTAVE.

Je n'écoute rien. Suis-je le maître chez moi ?

MELVIL.

Sans doute. Mais vous m'aviez promis...

GUSTAVE.

Je n'ai rien pro... (*En se retournant il se heurte avec Melvil.*) Ah ! c'est vous, Monsieur Melvil ? Pardon, je ne vous voyais pas...

MELVIL (1).

A qui donc croyez-vous parler et pourquoi cette agitation ?

GUSTAVE.

Moi ?... mais je suis très calme... comme vous voyez.

MELVIL.

Ah ! si vous appelez cela être calme... Avez-vous songé à moi ?

GUSTAVE.

Pourquoi ? Ah ! c'est vrai. J'oubliais...

MELVIL.

J'en ai un besoin urgent ; et maintenant que nous sommes seuls, je puis vous dire pourquoi je vous ai recommandé le secret en vous demandant cette somme.

GUSTAVE.

Oh ! je l'ai bien deviné pourquoi !

MELVIL.

Ah ! vous le saviez déjà peut-être, et c'est pour cela que vous reculez le mariage de nos enfants.

GUSTAVE.

Mais je ne le recule pas.

(1) Gustave, Melvil.

MELVIL.

Vraiment ? Alors...

GUSTAVE, *à part.*

Je m'y oppose formellement.

MELVIL.

Hein ?

GUSTAVE.

Je ne dis rien.

MELVIL.

Je suis de votre avis. Quand un mariage doit se faire, il faut qu'il se fasse promptement. Ça, vous comprenez qu'il est essentiel de ne pas dire mon secret à votre frère, qui vous désapprouverait certainement, comme moi je l'ai caché à mon pauvre fils qui s'indignerait de ma conduite.

GUSTAVE.

Dites qu'il admirerait votre loyauté, votre délicatesse. Mais soyez tranquille... je n'en dirai rien à personne.

MELVIL.

Pas même à Madame Gustave !

GUSTAVE.

A ma femme !

MELVIL.

Il faudra pourtant bien qu'elle sache pourquoi...

GUSTAVE.

Y pensez-vous ? Faire connaître à ma femme vos étourderies !..

MELVIL.

Oui... mes étourderies... ou plutôt mon aveugle confiance, mon trop grand abandon. Mais pouvais-je me douter ?... Après avoir eu si longtemps avec elle des rapports si agréables, pouvais-je soupçonner cette banque-là ? Non. Jamais, je crois, on n'a vu exploitation pareille.

GUSTAVE.

Que voulez-vous, les plus belles médailles ont parfois d'étranges revers. Mais vous poussez peut-être la bonté trop loin.

MELVIL.

Ce qui me console un peu, c'est que je ne suis pas seul. Nous sommes au moins vingt.

GUSTAVE.

Vingt ! pris dans le même filet !

MELVIL.

Et puis si notre fortune s'en va, du moins l'honneur nous
reste ; il est vrai que l'honneur sans argent... Demandez plutôt
à M. Ponsard... Enfin n'en parlons plus... surtout devant mon
fils. Avez-vous là le billet ?

GUSTAVE.

Le billet ! le billet ! Voilà que vous me rendez aussi étourdi
que vous. Je n'y pensais plus ; mais je me rappelle... Je l'avais
tout-à-l'heure dans les mains... Je vous l'apportais... Je l'aurai
laissé tomber dans le jardin.

MELVIL.

Diable ! un billet de mille francs ! Je vais vite le chercher.
Mais voilà Mademoiselle Marie qui vous l'apporte sans doute.

GUSTAVE, *à Marie qui entre précipitamment.*

Qu'as-tu donc, Marie ? (*A Melvil.*) Vous permettez ?
(*Melvil se retire au fond du salon et n'entend rien du col-
loque suivant*).

SCÈNE V.

MELVIL, GUSTAVE, MARIE.

MARIE, *sans voir Melvil* (1).

J'ai, mon papa, que je suis bien malheureuse. A peine nous
eûtes-vous quittées, maman et moi, qu'elle m'a demandé si
j'aimais Monsieur Henri. Moi je lui ai répondu franchement...

MELVIL, *à part.*

Je ne vois pas qu'elle lui remette un billet de banque.

GUSTAVE.

Hé bien ! tu lui a répondu ?...

MARIE.

Que j'aimerais mieux entrer dans un couvent qu'épouser un
autre que Monsieur Henri.

GUSTAVE.

Et vous avez mal répondu, Mademoiselle.

(1) Marie, Gustave, Melvil.

MARIE.

Mon bon papa ! Alors maman est tombée sur un banc de gazon, et s'est écriée : Il faudra donc que je meure de chagrin et de désespoir. Aussitôt je me suis jetée à ses pieds ; j'ai voulu rétracter mes paroles, l'assurer que j'étais prête à vous obéir. Vainement. Ma mère continuait de se lamenter et d'appeler la mort à son secours.

MELVIL, *à part, avec impatience.*

Il est heureux que j'aie envoyé mon créancier assez loin d'ici.

MARIE, *apercevant Melvil.*

Ah ! pardon, Monsieur ! je ne vous avais pas remarqué.

GUSTAVE,

Allons ! Puisqu'il le faut, puisqu'il faut faire abnégation de tout sentiment de pudeur ; puisque je n'ai affaire qu'à des femmes, cédons. Melvil, toi seul peux sauver ma femme.

MELVIL, *à part.*

Tiens ! voilà qu'il se remet à me tutoyer !

GUSTAVE.

Va la trouver. Dis-lui que c'est moi qui t'envoie et qui lui permets de te parler à cœur ouvert. Alors elle te fera un aveu... Un aveu pénible. Tu sauras alors pourquoi j'ai repoussé, ce matin, la demande de ton fils. Hé bien ! si, malgré ce que te dira ma femme, vous persistez, ton fils et toi, comme je n'en doute pas, dans votre première intention, vous serez libres d'agir comme bon vous semblera. Quant à moi, je ne me mêle plus de rien.

MELVIL, *à part.*

Si je comprends quelque chose... Toujours est-il qu'il me tutoie et c'est bon signe. *(Haut.)* Dis-moi... Tu ne te rappelles pas à peu près l'endroit où tu as laissé tomber... Je le chercherais en m'en allant.

GUSTAVE.

Il s'agit bien de cela. Va vite trouver Angèle !

MELVIL, *à part.*

Ma foi, au diable la recherche du billet, et puisque Gustave nous laisse carte blanche... Mais c'est que son frère sera assez méchant pour me trahir auprès de mon fils... Bah ! il faudra bien que Henri se soumette et laisse de côté tout sentiment d'orgueil.

GUSTAVE, *au fond.*

Hé bien ! qu'attends-tu donc ?

MELVIL.

Moi ? rien. (*En sortant.*) C'est égal, si je pouvais trouver le billet...

SCÈNE VI.

GUSTAVE, MARIE.

MARIE.

Et de quoi s'agit-il donc , mon père ?

GUSTAVE , *descendant la scène.*

Il s'agit que nous sommes ruinés !

MARIE (1).

Dieu du ciel ! Et Monsieur Henri...

GUSTAVE.

Peut, par sa fortune et son talent, aspirer au plus riche mariage. Mais ne crains rien. Ta mère a mis dans sa tête que tu épouserais Monsieur Henri , ta mère qui a tout fait pour entretenir chez toi une passion qu'il eût fallu détruire, une flamme qu'il eût fallu éteindre, et ce que femme veut... Elle aura donc lieu cette union si ardemment désirée , cette union de deux cœurs qui s'adorent sans se connaître (*baissant la voix*), comme il arrive trop souvent. Mais si cette union a jamais des suites malheureuses, vous vous souviendrez, ta mère et toi , que c'est vous qui l'aurez voulu !

MARIE.

Et quel malheur pourrais-je craindre ? Oui... J'entends. Vous craignez que Monsieur Henri ne me reproche plus tard le sacrifice...

GUSTAVE.

Oh ! je le crois trop généreux pour cela. (*Il remonte la scène et passe à droite.*)

MARIE.

Alors pourquoi donc craignez-vous ?

GUSTAVE, *éclatant* (2).

Pourquoi ! Parce que Henri t'aime comme un fou. comme

(1) Gustave, Marie.
(2) Marie , Gustave.

j'ai aimé ta mère ! Parce que tous tes désirs, tous tes caprices avec lui vont devenir des lois et seront plus souvent prévenus que satisfaits. Parce que Henri ne songera, ne visera qu'à enchaîner ton amour par la reconnaissance, et alors adieu la réflexion et les calculs, et ce ne sera pas toi qui l'arrêteras dans ses folles dépenses, toi élevée à l'école de ta mère, au sein du luxe et de l'oisiveté, ni son père, encore plus fou que vous deux. Je ne parle pas de moi. Ma succession ne vaudra pas la peine qu'on écoute mes avis.

MARIE.

Oh ! mon père !

GUSTAVE.

Ce sera donc ton époux lui-même qui, un jour, effrayé de trouver sa caisse à moitié vide, pour la première fois se hasardera à prononcer les mots de modération et d'économie, mais du bout des lèvres et si faiblement que bientôt, revenue d'un effroi passager, tu rentreras plus brillante et plus étourdie que jamais dans ces somptueux salons, où mille séductions vous attirent et vous enlèvent peu à peu votre santé, votre fortune et quelquefois même votre honneur ! Si bien qu'un jour ton mari, sentant la misère approcher à grands pas, honteux de ses faiblesses, résolu à n'en plus avoir, viendra, pâle et tremblant, t'annoncer qu'il est ruiné. Tu pleureras alors et les sanglots t'étoufferont. Bah ! l'orgueil prendra vite le dessus Dans le premier lieu de délices qui ait existé, la première femme, après avoir goûté au fruit défendu, n'a pu s'empêcher d'y goûter encore. Ainsi, les lèvres ne se détachent pas aisément de la coupe des plaisirs du monde. Les plaisirs du monde sont comme l'eau de la mer, qui brûle sans jamais désaltérer. Mais cette coupe, si belle, est encore plus fragile. La liqueur qu'elle contient, si énivrante à la surface, est au fond bien amère, et, tôt ou tard, il arrive ou que la coupe se brise entre vos mains ou que vous êtes empoisonné ! A quelques jours de là, ce sera ta fête, jour de grande réception chez toi. Et que ferait le monde si tu cessais tout-à-coup de lui ouvrir tes salons ? Il te fermerait les siens. Il faudra donc dévorer tes larmes, composer ton visage, et faire bon acceuil à ces étrangers qu'on est convenu d'appeler des amis, race égoïste et stupide qui, aujourd'hui, parce qu'elle vous croit riche, vous comble de caresses, et qui, demain, n'aura pour vous qu'indifférence et dédain ! !...

MARIE, *tombant épuisée, dans le fauteuil près de la cheminée.*

Oh ! oh ! je comprends maintenant les larmes de ma mère ! Oh ! c'est fini ! je ne veux plus danser, je ne veux plus chanter, je n'irai plus dans le monde, je resterai auprès de vous, mon père, je coudrai, je broderai, je travaillerai enfin !

GUSTAVE.

Ma chère enfant ! pardonne-moi ce tableau si sombre que je viens de retracer à tes yeux, ce n'est pas pour t'effrayer et te décourager, loin de là. Mais hélas ! si tu as les vertus de ta mère, tu en as aussi tous les défauts, et je tremble qu'avec l'éducation que tu as reçue... (*En ce moment Henri parait au fond.*)

MARIE.

Oh ! soyez tranquille ! Je suis jeune encore. Je me corrigerai. Je ferai tout ce que vous voudrez, et pour commencer, eh bien... j'oublierai Monsieur Henri... Monsieur Henri qui est riche, qui a un bel avenir devant lui et que je rendrais peut-être malheureux.

HENRI.

Oh ! quelle idée avez-vous donc de vous et de moi, Marie ?

MARIE, *se retournant vivement.*

Vous étiez là ?

SCÈNE VII.

GUSTAVE, MARIE, HENRI *puis* DORMEUIL.

HENRI, *amèrement* (1).

Si c'est ma fortune qui vous effraie, rassurez-vous. Henri est pauvre, plus pauvre que vous, et n'a plus d'espoir que dans votre amour qui seul pourra lui donner le courage dont il a besoin.

MARIE.

Pauvre ?

GUSTAVE.

Comment ?

MARIE.

Il n'en est rien. C'est François qui avait cru entendre... Mais le pauvre garçon...

(1) Marie, Henri, Gustave.

HENRI.

Vous a dit vrai. Mon père, par suite d'une faillite, se trouve ruiné.

GUSTAVE.

Quoi ! Melvil !

HENRI.

Oui... Je l'ignorais quand je vous ai demandé tantôt la main de Mademoiselle Marie. Je ne connaissais encore que votre malheur.

GUSTAVE.

Quoi ! vous saviez ?...

HENRI.

Oui. Je sais que... Je sais de plus que Mademoiselle n'a pas à compter sur la succession de son oncle.

GUSTAVE, *stupéfait*.

Comment !... Qui a pu vous dire ? (*En ce moment Dormeuil paraît au fond.*)

HENRI, *continuant*.

Ainsi donc, sous le rapport de la fortune, la partie est à peu près égale, et de vains scrupules ne doivent plus nous arrêter ni les uns ni les autres. J'ose donc vous réitérer ma demande, ma prière, et, croyez-le bien, vous n'aventurerez pas le bonheur de Mademoiselle en me le confiant. Je sais que pendant les premières années mon travail n'assurera guère que notre existence et celle de mon père. Mais j'ai confiance dans mon amour. Il me fera redoubler d'efforts, car (*à Marie*) j'aurai près de moi, pour m'encourager, votre sourire, et quelquefois votre exemple. Nous et notre famille nous nous tiendrons mutuellement lieu d'un monde où l'on achète si cher des plaisirs après lesquels il ne reste souvent qu'ennui et dégoût.

DORMEUIL, *s'avançant, à Gustave*

Frère !.

GUSTAVE , *troublé*.

Ah ! c'est toi ?

DORMEUIL.

Oui. J'arrive. Tiens, voici la somme que tu m'as demandée. (*Il lui remet un billet de banque.*)

GUSTAVE.

Merci, je te la rendrai dès qu'il me sera possible...

DORMEUIL, *à Marie, d'un ton sérieux.*

Comme te voilà belle, Marie !

MARIE, *souriant.*

Vous trouvez ? (*Regardant Henri sournoisement.*) D'autres m'ont vue avant vous, qui n'ont pas eu l'air de le remarquer.

DORMEUIL.

Et ils ont eu raison.

MARIE, *étonnée.*

Hein ?

DORMEUIL, *regardant Angèle, qui entre richement vêtue.*

Et elle aussi !

SCÈNE VIII.

LES MÊMES, MELVIL, ANGÈLE.

ANGÈLE.

Ah ! ma fille, mon ami, savez-vous ce que je viens d'apprendre ?

MELVIL, *bas à Angèle.*

Chut !

GUSTAVE.

Nous le savons.

MELVIL, *id.*

Quand je vous le disais... (*Marie vient prendre sa mère par la main et l'embrasse avec effusion. Les deux dames s'asseyent, Marie en face, Angèle à droite de la cheminée. Henri, au milieu du théâtre, les contemple avec compassion et douleur. Au fond, Dormeuil écoute et observe. Melvil va prendre à part Gustave qui est sur le devant de la scène, à droite.*)

DORMEUIL, *à lui-même.*

Ainsi l'on se confie à tout le monde, excepté à moi. Je leur fais donc bien peur à tous ?

MELVIL, *bas à Gustave* (1).

Ta fille et toi vous savez ce qui m'arrive ?... Mais mon fils l'ignore encore.

GUSTAVE, *bas.*

C'est lui qui nous l'a appris.

(1) Angèle et Marie assises, Dormeuil au fond, Henri, Melvil, Gustave.

MELVIL.

Mon fils ! (*Il s'éloigne vivement et continue à part.*) Qui a pu lui dire ?... Et il n'est pas encore parti ! Après tout (*regardant Gustave*) puisque nos fortunes ou plutôt nos infortunes sont maintenant égales...

GUSTAVE, *bas à Henri.*

Et... qui donc vous avait révélé ma position ?

HENRI.

C'est mon père.

MELVIL, *qui a entendu, revenant se placer entre Henri et Gustave.*

Moi ! je n'en savais rien... C'était une supposition, voilà tout. (*A Henri, bas.*) Ainsi tu sais que...

HENRI, *lui serrant la main.*

Mon bon père ! (*Il s'approche de la cheminée et cause avec Madame Dormeuil et sa fille.*)

GUSTAVE, *bas à Melvil.*

Et qui t'avait fait supposer ?...

MELVIL.

Moi ? rien !

GUSTAVE.

Et tu n'as pas fait part de cette supposition à d'autres qu'à ton fils ?

MELVIL.

Tu peux en être certain.

GUSTAVE.

Sois discret au moins. Ce soir, ne va pas dire la moindre chose qui puisse...

MELVIL.

Oh ! pour qui donc me prends-tu ?

GUSTAVE.

D'ailleurs, si j'ai fait quelques pertes, je suis loin d'être sans ressources. Tiens, voici la somme que tu m'as demandée. (*Il lui tend le billet.*)

MELVIL, *le prenant.*

Tu as donc retrouvé ?... Merci. (*A part.*) Vite acquittons ma dette. (*Allant à Dormeuil, bas.*) Tenez... Prenez vite.

DORMEUIL.

Mais vous m'avez déjà payé.

MELVIL.

Moi ? (*Henri , qui causait à Madame Dormeuil , se retourne et écoute.*)

DORMEUIL.

Ou du moins votre fils , que j'ai trouvé où vous m'aviez dit. (*Il s'approche de Marie.*)

MELVIL , *stupéfait.*

Ah bah !

HENRI , *vivement et à voix basse.*

Oui. Je vous expliquerai cela plus tard.

MELVIL , *venant se placer à l'autre extrémité du théâtre , à droite de Gustave, à part* (1).

Ah ça ! je n'en reviens pas ! Tout ce que j'imagine se réalise ! Toutes mes vérités deviennent des fables (*se reprenant*) non... toutes mes fables deviennent des vérités ! (*D'un air fanfaron.*) Je vais publier partout que je suis millionnaire ! (*A Gustave.*) Mon ami, d'après ce que m'a dit ta femme, je crois pouvoir maintenant... Ah! d'abord je puis te rendre ton billet. Je ne m'étais pas aperçu que j'en avais un sur moi.

GUSTAVE , *prenant le billet.*

Ah ! vraiment ? (*A part.*) Quel étourneau ! (*Bas à Melvil.*) Dis-donc, si tu veux aller la trouver avant dîner, dépêche-toi, on dîne à six heures.

MELVIL.

Aller la trouver ! Qui donc ?

GUSTAVE.

Cette femme.

MELVIL.

Quelle femme ?

GUSTAVE.

A qui tu fais une rente.

MELVIL.

Quelle rente ?

GUSTAVE , *à part.*

Ah ça ! lequel de nous deux est fou ? car il y en a au moins un. (*Allant à Dormeuil qui cause avec Marie, et le prenant à part.*) Frère, mon colon ne viendra décidément que demain .

(1) Angèle et Marie, assises ; près d'elles , Henri et Dormeuil , Gustave , Melvil.

et comme d'ici là j'espère bien retrouver la clé de mon secrétaire, je te remercie.

DORMEUIL, *prenant le billet et le serrant dans un portefeuille qu'il a tiré de sa poche.*

Fort bien. Voilà un billet qui doit avoir besoin de repos... car
depuis une heure, il a bien marché.

SCÈNE IX.

LES MÊMES, FRANÇOIS.

FRANÇOIS, *un journal à la main, à Gustave.*

Monsieur, voici votre journal que vient d'apporter le facteur,
et puis... la lingère et la modiste de Madame sont encore reve-
nues. Elles sont là qui attendent.

GUSTAVE, *vivement, en prenant le journal.*

C'est bien.

FRANÇOIS.

Il paraît que c'est pour des mémoires à payer.

GUSTAVE, *fermant le journal.*

C'est bien, imbécile !

FRANÇOIS.

Imbécile ?

GUSTAVE.

Dis-leur que je vais y aller.

FRANÇOIS.

Ont-ils l'air gais, tous ! Des vraies figures d'enterrement ! Ah
bien ! en voilà une fête !

GUSTAVE.

Hé bien ! T'en iras-tu ?

FRANÇOIS.

Mais oui... que je m'en irai et tout de suite ! Imbécile ! Ah
ben ! ah ben ! (*Il sort. Gustave jette le journal sur le piano.*)

SCÈNE X.

LES MÊMES, *moins* **FRANÇOIS.**

MELVIL, *les yeux fixés sur le journal.*

Ah ! cette vue réveille toutes mes douleurs !

HENRI, *à Angèle, qui pleure.*

Allons, Madame, du courage ! Plaie d'argent, comme on dit, n'est pas mortelle ; quel que soit le passé, l'avenir est là... et (*tendant la main à Marie*) j'ai foi dans l'avenir !

DORMEUIL, *solennellement.*

Ainsi, frère, tu es ruiné, et pour le savoir, il a fallu que je prêtasse l'oreille à des discours que l'on tenait en dehors ou plutôt en cachette de moi. Tu est malheureux et je suis le dernier à l'apprendre... par hasard.

GUSTAVE.

C'est à toi le premier que je voulais le dire, et je ne sais pas quelle indiscrétion...

DORMEUIL, *d'un ton plein de bonté.*

Qu'en dites-vous, Angèle ? Et qui de nous deux avait raison, qui de nous deux aimait ou haïssait l'autre ? Quand je m'offris à vous pour être à la fois votre compagnon et votre soutien dans le monde, vous m'avez repoussé. Je dévorai mon chagrin, et plus tard, je me présentai devant vous, réclamant le seul titre auquel je pouvais prétendre : celui de votre ami. Vous me repoussâtes encore. Alors je me retournai vers mon frère que je voyais entraîné par vous sur une pente fatale, et je lui reprochai sa faiblesse. Vous le sûtes, et fîtes tant, qu'il finit par me congédier. Cependant, je prévoyais les conséquences de votre ascendant sur l'esprit de Gustave. (*Angèle pleure et cache sa tête dans ses mains. Marie s'agenouille devant elle et cherche à la consoler.*) Je prévoyais qu'un jour viendrait où la folle ivresse ferait place aux larmes amères. Je résolus de ne point me marier, quelque désir que j'eusse d'oublier les traits qui m'avaient percé le cœur. Je vécus aussi petitement que vous viviez somptueusement, et pourtant mon commerce me rapportait beaucoup chaque année. Aussi passai-je, aux yeux de tout le monde, pour un égoïste et un avare. Hier je reçus ta lettre, frère, et te l'avouerai-je, je soupçonnai la vérité ; surtout quand je vous vis venir à ma rencontre (*avec intention*) tous les deux. Oh ! depuis ce moment, la joie me serre le cœur, et je n'attendais qu'un aveu franc de votre part pour vous dire : Gustave et Angèle, je suis riche, riche de... quatre cent mille francs, permettez-moi d'en retrancher le quart pour moi, et de vous offrir le reste à vous et à ma nièce. (*Angèle et Marie se lèvent.*)

MARIE , *allant se jeter dans les bras de son oncle.*

Ah ! mon oncle (1) !

GUSTAVE.

Mon frère ! *(à part.*) C'est singulier, je l'aurais cru plus riche que cela.

ANGÈLE , *avec confusion.*

Oh ! comme je vous avais mal jugé, Monsieur !

MELVIL.

Décidément, j'avais bien tort de me cacher de lui. (*Il va prendre le journal sur le piano et le déploie.*)

HENRI , *à part, avec douleur.*

Allons ! il ne manquait plus que ce dernier coup pour m'accabler ; ce n'était pas assez qu'à mon tour je sois devenu pauvre, il fallait encorequ'elle redevînt riche !...

MARIE, *bas à Henri.*

Hé bien ! vous voilà triste quand la fortune nous sourit, vous qui montriez tant de courage tout-à-l'heure !...

HENRI.

Oh ! le courage ne me manquera pas, je l'espère, et ce soir je vous dirai adieu... pour jamais.

MARIE *et* ANGÈLE.

Que dites-vous ?

DORMEUIL , *à part.*

Noble cœur !

MELVIL, *qui lisait le journal, se levant avec transport.*

Ah ! ah ! mes amis, je suis sauvé !

TOUS.

Comment !

MELVIL.

Oui. Vous savez que je croyais ma fortune perdue par la fuite de mon banquier de Paris...

HENRI , *avec anxiété.*

Oui. Du moins je m'en doutais. Eh bien ?

MELVIL.

Écoutez : *C'est par erreur que nous avons annoncé hier que...*

HENRI.

Comment ! C'est donc le journal qui vous avait appris la...

(1) Angèle, Henri, Marie, Dormeuil, Gustave, Melvil.

MELVIL.

Oui.

HENRI.

Ah ! fort bien.

MELVIL, froissant le journal.

Maudit journal ! Je ne le lirai plus. (*Il continue de le par-courir.*)

ANGÈLE, hors d'elle-même.

Oh ! tant d'émotions à la fois... (*A Dormeuil.*) Ah ! Mon_sieur, nous devrions embrasser vos genoux ! Oh ! qui m'eût dit que cette journée dut finir gaiement pour moi. (*A Melvil.*) Je vais, dès ce soir, annoncer à nos amis le prochain mariage de nos enfants.

HENRI, lui baisant la main.

Oh ! Madame...

GUSTAVE.

Dès ce soir, ce serait peut-être...

ANGÈLE, entourant de ses deux bras Marie et Henri et les couvrant de baisers (1).

Mes chers enfants ! que je vous embrasse tant je suis heureuse. Oh ! que la joie est douce quand on a tant pleuré. Oh ! laissez-moi vous embrasser encore. (*Dans cette dernière étreinte, Henri applique comme involontairement ses lèvres sur le front de Marie.*)

MARIE, portant la main à son front.

Ah !

ANGÈLE.

Qu'as-tu ?

HENRI, timidement.

Vous souffrez ?

MARIE, rouge de joie et de pudeur.

Oh ! non ! non ! Ce n'est rien. Un éblouissement. (*Elle cache sa tête dans le sein de sa mère.*)

HENRI, avec transport.

Oh ! ce premier baiser... c'est le ciel qui s'est ouvert devant moi !

DORMEUIL, à Henri.

Vous êtes aimé, heureux jeune homme !

(1) Marie, Angèle, Henri, Dormeuil, Gustave, Melvil.

HENRI.

Hélas ! le ciel a eu pitié de moi, car longtemps j'ai cru que je m'étais fait illusion, longtemps j'ai cru qu'elle ne m'aimait pas, et j'ai bien souffert !

DORMEUIL, *lui serrant la main.*

N'est-ce pas ? Et... si vos craintes se fussent réalisées, si l'on eût dédaigneusement repoussé votre amour...

HENRI.

Oh ! j'en serais mort.

DORMEUIL, *froidement.*

Non. (*Il remonte la scène.*)

GUSTAVE, *rêveur.*

Ma chère Angèle ! puisse son bonheur être de longue durée !

SCÈNE XI.

LES MÊMES, FRANÇOIS.

FRANÇOIS.

Madame, voilà déjà au bout de l'avenue des voitures qui vont demander à entrer. Il y en a même plusieurs que je ne connais pas. Faudra-t-il leur ouvrir tout de même ?

GUSTAVE.

Mais oui... lourdaud ! Va donc et dépêche-toi !

FRANÇOIS, *à part.*

Lourdaud ! Ah ben ! C'est-à-dire que si je n'étais pas le frère de lait de Mademoiselle... Tiens ! ça me fait penser... (*A Marie.*) Mademoiselle, vous n'avez pas pris votre troisième tasse de lait, ce matin ?...

MARIE.

Ma troisième ? Mais je n'en ai pas pris du tout.

FRANÇOIS.

C'est ce que je voulais dire. La voulez-vous ?

MARIE.

Non. Merci. Il est trop tard.

FRANÇOIS, *en s'en allant.*

Est-elle capricieuse ! hein ! l'est-elle !

SCÈNE XII.

LES MÊMES *moins* FRANÇOIS.

GUSTAVE, *à Marie.*

Je croyais que ce lait t'était indispensable.

MARIE, *souriant* (1).

Oui. Pour m'occuper au milieu de mon désœuvrement, mais désormais...

GUSTAVE, *lui caressant la joue.*

Ce sera pour te distraire au milieu de tes travaux.

MARIE, *l'embrassant.*

Oh ! comme vous êtes méchant aujourd'hui ! Est-ce que vous serez comme cela le jour ?...

ANGÈLE.

Oh ! non. Ton père t'aime trop pour cela, et il sera le premier à exciter les autres à la joie. N'est-ce pas, mon ami ?

GUSTAVE, *avec embarras.*

Certainement. Allons au-devant de nos convives.

HENRI, *bas à Angèle.*

Qu'a-t-il donc ? Il n'a pas l'air de voir ce mariage avec plaisir... Craint-il que sa fille ne soit pas heureuse avec moi ?

ANGÈLE, *bas.*

Oh ! y pensez-vous ?

HENRI, *id.*

Dieu m'est témoin que Mademoiselle aura toujours en moi l'esclave le plus docile et le plus soumis...

ANGÈLE, *id.*

Mon mari en est bien convaincu.

DORMEUIL, *qui écoutait, à part.*

Trop convaincu ! (*Il remonte la scène.*)

ANGÈLE.

Oh ! soyez tranquilles, mes enfants ! Votre noce sera aussi gaie que possible. Je veux ce jour-là réunir ici... non pas précisément toutes nos connaissances...

(1) Henri, Angèle, Marie, Gustave, Melvil, Dormeuil au fond.

GUSTAVE.

Je crois bien. On danserait dans la cour, alors.

ANGÈLE.

Non. Mais tout ce que nous avons d'amis sincères et dévoués.

GUSTAVE.

Oh ! alors... ce salon sera trois fois trop grand.

ANGÈLE

Ce seront mes adieux au monde, du moins au monde des soirées, car me voilà bientôt vieille et il est temps que je quitte les bruyants salons pour le paisible coin du feu. (*Elle tend la main à Gustave.*)

GUSTAVE *lui serre la main et dit à part, secouant la tête en signe de doute.*

Dieu le veuille !

MELVIL, *qui a reployé le journal, le serrant dans sa poche, à côté de celui qui s'y trouve déjà.*

Et moi, décidément je quitte *le Messager*.

GUSTAVE.

Mais *le Messager* ne le quittera pas.

(*Excepté Dormeuil, tout le monde sort par la porte du fond pour aller au-devant des invités.*)

SCÈNE XIII.

DORMEUIL, *seul, regardant par la fenêtre.*

Comment ! ils invitent à dîner autant de monde quand ils sont ruinés ! Que sera-ce donc ?... Allons... j'ai bien fait de n'accuser que la moitié de ma fortune. QUI A BU BOIRA.

FIN DU DEUXIÈME ET DERNIER ACTE.

www.ingramcontent.com/pod-product-compliance
Lightning Source LLC
LaVergne TN
LVHW021805170726
843503LV00007B/3029